AF259756

BIOGRAPHIE

DE

LOUIS-CHARLES DE FRANCE,

EX-DUC DE NORMANDIE.

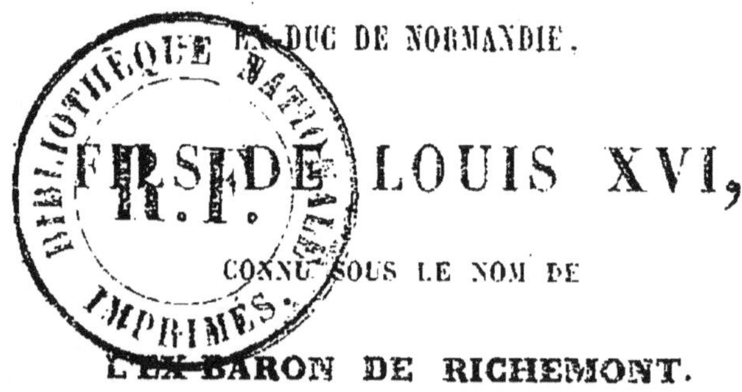

FILS DE LOUIS XVI,

CONNU SOUS LE NOM DE

L'EX-BARON DE RICHEMONT.

Tirée des mémoires d'un contemporain, qui se trouvent

Rue Neuve-Saint-Merri, 35.

PARIS. — 1848.

BIOGRAPHIE

LOUIS-CHARLES DE FRANCE,

FILS DE LOUIS XVI.

Louis-Charles de France, duc de Normandie, naquit à Versailles le 27 mars 1785, de Louis-Auguste et de Marie-Antoinette-Josèphe-Jeanne de Lorraine, roi et reine de France. Il eut pour parrain Louis-Stanislas-Xavier, Monsieur, frère du roi, et pour marraine Marie-Charlotte-Louise de Lorraine, reine des Deux-Siciles et sœur de la reine; il fut baptisé le même jour dans la chapelle du roi par le cardinal Édouard, évêque de Strasbourg, grand-aumônier, et par le curé Brocqueville, suivant l'acte de naissance à lui délivré le 18 avril 1848, par le maire de Versailles, et dûment légalisé ledit jour par le président du tribunal civil.

Né très-vif et en même temps très-doux, il fit les délices de ceux qui l'approchèrent ou le servirent.

Arrêté le 10 août 1792 avec sa famille, ils furent renfermés le 13 à la tour du Temple.

Après la mort de ses père et mère, en 1793, il fut enlevé du Temple par les soins du prince de Condé, qui avait chargé le général, comte de Frotté, et Ojardias, l'un de ses émissaires, d'exécuter cet habile coup de main. Ils réussirent parfaitement, grâce à l'intervention des époux Simon, ses gardiens, qui furent gagnés à prix d'argent. Cet enlèvement eut lieu le 19 janvier 1794, jour du dé-

ménagement et de la sortie des Simon de cette prison
d'État.

Le même jour, on substitua au prince un enfant
muet, à peu près de son âge et de sa taille, et qui avait
été introduit dans un cheval de carton ou de toute autre
matière, ainsi qu'il a été bien établi par les déclarations
de la Simon aux sœurs de l'hospice des Incurables, où
elle se trouvait depuis la mort de son mari; par ses dires
à Louis XVIII, à la duchesse d'Angoulême en 1814 et en
1815, et au docteur Rémusat en 1811; par les attesta-
tions de Mmes Chauvet de Beauregard et Digney, en 1815
et 1817, précédemment confirmées par Rovère et sa
femme; du baron Thierry, dont la sœur avait épousé
le comte de Frotté; du comte de Curzay, ancien préfet de
la Gironde; du marquis de la Roche-Aymond, et du duc
de Montesquiou, pairs; du conventionnel Courtois; du
marquis de Champagne; de la comtesse d'Adhémar, an-
cienne dame d'honneur; de l'histoire secrète du Directoire; de Cambacérès, consul; de la *Quotidienne*; de
M. Arnault, propriétaire à Triel (Seine-et-Oise); et par
une foule de documents historiques émanés, soit des différents gouvernements, soit des particuliers, de 1794 à
1848, qui prouvent jusqu'à la dernière évidence l'enlèvement et la substitution susdits.

L'enfant substitué au fils de Louis XVI mourut le 8
juin 1795, et, chose remarquable, on n'a jamais pu savoir
où Ojardias l'avait trouvé, parce que celui-ci fut assas-
siné en 1797, par ordre de la Convention, et que le comte
de Frotté fut fusillé en 1801, pour une prétendue conspi-
ration.

Pendant la maladie de l'enfant qui se trouvait au Temple depuis l'enlèvement du fils de Louis XVI, le docteur
Desault, délégué par le comité de sûreté générale de la
Convention pour le visiter, déclara, aussitôt qu'il vit le
malade, *qu'il n'était pas le fils de Louis XVI,* qu'il pouvait

d'autant mieux connaître, qu'ayant été chargé de traiter son frère, mort à Meudon en juin 1789, il avait vu chaque jour le duc de Normandie. Desault, après maintes investigations pour tâcher de découvrir où l'on avait pu cacher le dauphin, fit, le 31 mai 1795, son rapport, dans lequel il déclarait *que l'enfant qu'on lui avait présenté n'était pas le fils de Louis XVI, qu'il connaissait parfaitement.*

Invité à dîner, le même jour, par les conventionnels les plus intéressés à le forcer au silence et à l'anéantissement de son rapport, il fut, au sortir de table et à peine rentré chez lui, pris de vomissements violents, à la suite desquels il mourut *le lendemain,* 1er *juin, à 10 heures du matin,* ainsi qu'il résulte de son acte de décès du 2, délivré le 31 août 1842; de l'attestation de la nièce de Desault, du 5 mai 1845; de celle de sa veuve; de M. Abeille, l'un de ses nombreux élèves; de Mme Dézarneaux, de M. Lesueur, et de plusieurs autres personnes qui ont connu et vu Desault avant et après 1794.

Délégués pour procéder à l'autopsie du cadavre de l'enfant mort au Temple le 8 juin 1795, les docteurs Pelletan, Dumangin, Lassus et Janroy déclarèrent, le lendemain 9, avoir trouvé au deuxième étage de la tour le corps mort d'un enfant, que les commissaires et le gardien *leur ont dit être celui du fils de défunt Louis Capet,* etc., etc. Ces commissaires et ce gardien, qui avaient sans doute de bonnes raisons pour cela, refusèrent, après une discussion animée, de signer le procès-verbal rédigé par les quatre docteurs, qui le signèrent *seuls,* et dont une copie fut transmise à la Convention, qui, chose bien plus remarquable encore, se contenta de cette pièce informe, elle jusqu'alors si scrupuleuse et si exigeante.

Ce fait est prouvé par l'existence de l'original de ce procès-verbal entre les mains des héritiers Pelletan; par les dires de l'impératrice Joséphine, qui avait vu le dauphin, le jour de son enlèvement, chez le comte de Frotté, et au moment même où il y fut porté par Ojardias, et qu'elle avait revu en 1803 et *bien reconnu;* par ceux de Baillot, sommelier de Louis XVIII, en 1815; par une foule de documents authentiques; par les déclarations de la femme Simon, qui avait revu, en 1802 et en 1816, aux incurables, et *bien reconnu aussi* l'enfant confié à la garde de son mari et dont elle avait favorisé l'évasion; par les actes et par la conduite de la Convention, du Directoire, du Consulat, de l'Empire, de la Restauration, et de ce qui lui a succédé et qui n'a pas encore de nom; déclarations, documents et preuves qui seront produits au grand jour, dès l'instant qu'il y aura sécurité à le faire...

Il résulte de tous ces faits, que les pouvoirs et les gouvernements ont à dessein trompé la France et l'Europe, en affirmant et en publiant que l'enfant mort le 8 juin 1795 était le fils de Louis XVI, tandis que, *le jour même de la mort de l'enfant qui se trouvait au Temple,* ils envoyaient des commissaires sur différentes routes, et écrivaient à des représentants de la Convention dans les provinces, aux fins de faire arrêter des enfants enlevés de Paris la veille, et *qu'ils désignaient comme étant les mêmes que celui dont ils publiaient officiellement la mort,* ainsi qu'on le verra ci-après!...

L'enfant, enlevé de Paris le 7 juin 1795, ayant été conduit à Thiers et déposé dans une des premières maisons de l'endroit, fut rejoint et arrêté par les commissaires envoyés à sa poursuite... Interrogé par eux, cet enfant répondit et prouva facilement qu'il était le fils du secrétaire de la section de Bonne-Nouvelle, à Paris, et non de Louis XVI, comme on le prétendait. A la suite de ces réponses et des explications données par Ojardias à Chazal, ce représentant, convaincu que la Convention s'était trompée, écrivit au procureur-syndic de Thiers, la lettre suivante:

Du Puy, le 22 messidor an III (10 juillet 1795.)

« J. P. Chazal, représentant du peuple, délégué par la Convention nationale dans les départements du *Puy-de-Dôme*, de la *Haute-Loire*, du *Cantal*, de l'*Aveyron* et de la *Lozère*, au procureur-syndic du district de Thiers.

« J'ai entendu Ojardias, il a justifié de sa conduite ; *le fait qui lui était imputé est faux*, je vous autorise à lever les ordres qui retiennent l'enfant dans la maison de Barge-Réal, ainsi que ceux qu'on aurait pu donner contre la liberté d'Ojardias.

« Salut et fraternité,
« Signé : J.-P. Chazal.

« Certifié conforme :

« Le procureur-syndic du district,
« Signé : Brugière-Barante. »

Enregistré à Paris en 1823.

Quel était donc le fait imputé à Ojardias, et qui avait provoqué les poursuites dont il se trouvait l'objet, aussi bien que l'enfant qu'il avait emmené avec lui, et le déploiement inusité de tant de forces ? C'était celui d'avoir enlevé l'enfant renfermé au Temple, et que la Convention croyait et écrivait être le dauphin ! !

Il en fut de même pour un autre enfant qui, arrêté vers ce même temps à Angoulême, par ordre du comité de sûreté générale, *comme étant le dauphin*, fut relâché après explications et avoir fourni des preuves qu'il ne l'était pas ! !

La Convention était si certaine de l'évasion du fils de Louis XVI, et elle avait tant d'envie de s'en emparer, qu'elle faisait surveiller tous les enfants qui voyageaient alors, soit isolément, soit autrement, et, pendant plusieurs années, toute son attention et toutes ses recherches furent dirigées de ce côté ! !

Preuve évidente *qu'elle savait positivement que le dauphin n'était pas mort au Temple, et qu'il en avait été enlevé !!*

Une autre preuve que la famille des Bourbons et les rois de l'Europe *savaient que le fils de Louis XVI était vivant,* c'est que, d'une part, ceux-ci, par le traité du 12 décembre 1800, refusèrent de reconnaître le comte de Provence comme roi, attendu *qu'ils savaient que le fils de son frère aîné avait été enlevé par fraude des prisons du Temple et* QU'IL EXISTAIT, et que, de l'autre, les Bourbons, rentrés en 1814, refusèrent de recevoir le cœur de l'enfant mort au Temple le 8 juin 1795, et de faire célébrer un service funèbre pour honorer sa mémoire, comme ils l'avaient fait pour les autres membres de la famille, notoirement morts !!...

Espérons que la république qui vient d'être proclamée et que le fils de Louis XVI a reconnue, que l'assemblée nationale, expression libre du suffrage de tous, que le pouvoir exécutif, sorti de son sein, procureront enfin à ce prince les moyens de produire au grand jour les preuves et les documents qui sont entre ses mains, et qu'après plus de cinquante ans de vicissitudes et de peines de toute espèce, il jouira de ses droits de citoyen français, dont il a été si lâchement privé par suite d'un acte de décès, irrégulier en la forme, *parce qu'il ne porte pas même son nom,* et frauduleux au fond, *puisqu'il est celui d'un autre enfant* : acte contre lequel il n'a pu que protester jusqu'à ce jour; protestation qui lui a valu des persécutions continuelles et inouïes, la prison la plus dure, la diffamation la plus atroce, les traitements les plus cruels, les vengeances les plus implacables de la part des rois et de sa famille elle-même.

Après son enlèvement du Temple, le fils de Louis XVI fut conduit dans la partie de la France occupée alors par l'armée royale, et où il a été vu par plusieurs personnes, puis en Allemagne, et remis au prince de Condé, qui le reçut et le traita suivant sa qualité. Ces faits sont connus et attestés par Mme Charpentier de Fonclair, veuve de différents officiers et gardes-du-corps de Louis XVI, Louis XVIII et Charles X, qui l'a parfaitement reconnu en 1847, dans la personne de l'ex-baron de Richemont, et par M. le maréchal-de-camp Foucault, qui l'a déclaré par son écrit du 2 décembre 1842.

Le prince de Condé, n'ayant pu garder auprès de lui un enfant qui était l'objet de l'aversion profonde de sa propre famille, des souverains de l'Europe et du gouvernement français, qui faisait tous ses efforts pour s'en emparer, se vit contraint, après de mûres réflexions, de le faire entrer dans les rangs de l'armée française, et le confia à la loyauté de Kléber, général en chef de l'armée française de Sambre-et-Meuse, auquel il fut remis vers la fin de 1796; ce qui est attesté par M. Bossu, officier supérieur, attaché à cette armée, et qui l'a déclaré en 1843.

Kléber, mis en disponibilité, en 1797, fut désigné en 1798 pour faire partie de l'expédition d'Égypte, et y conduisit le fils de Louis XVI. Ce prince resta dans ces contrées jusqu'en 1800, époque où il revint en Europe avec Desaix et autres. Le général Desaix ayant été tué à la bataille de Marengo (Italie), le fils de Louis XVI, après ses campagnes d'Italie, vint à Paris, où il resta quelque temps et d'où il fut forcé de s'éloigner aussitôt qu'il fut découvert par le premier consul, qui l'aurait fait renfermer dans une forteresse, s'il avait pu s'en emparer.

Ces faits sont notoires et prouvés par MM. Angladè, qui l'a connu à bord du *Spartiate*, lors de l'expédition d'Égypte, Gillet, Laroche, Forest, Hérard de Villiers, qui ont reconnu dans l'ex-baron de Richemont, qu'ils ont rencontré à Paris, en 1833, 1834, 1840 et 1844, leur ancien compagnon d'armes d'Égypte et d'Italie.

Arrivé en Amérique en 1804, le fils de Louis XVI, y

demeura jusqu'en 1815. Arrivé à Paris, en août, il se présenta au prince de Condé qui le reconnut et l'accueillit avec sa bonté ordinaire.

En mai 1816, le prince de Condé, voyant que toutes les tentatives faites pour amener la famille des Bourbons à rendre au fils de Louis XVI son nom et sa qualité de citoyen , étaient infructueuses , se décida , après en avoir conféré avec le duc de Berry, à le présenter à la duchesse d'Angoulême, sa sœur. Une entrevue eut lieu à Versailles dans le parc, en présence des ducs de Berry et de Mouchy, du prince de Condé, de la marquise d'Agout et des comtes de Pons, de Curial, de Montbrun et d'Arjuson ; *reconnu,* mais repoussé par cette princesse qui ne put tolérer en lui des principes politiques totalement en désaccord avec les siens , ceux de sa famille et des alliés, il se vit contraint de s'expatrier de nouveau !... Ces faits et cette entrevue sont prouvés par la déclaration du comte de Pons, du 2 octobre 1842...

Après un voyage d'environ deux années , le fils de Louis XVI fut arrêté, sur les instances de son oncle Louis XVIII, dans les environs de Mantoue, où il venait d'arriver et d'être découvert, puis conduit à Milan. Au moment de son incarcération, on trouva sur lui la lettre que le prince de Condé lui avait remise en partant, et dans laquelle étaient relatés tous les faits le concernant, depuis sa naissance jusqu'en 1816. Cette lettre fut, sur la demande du prisonnier, envoyée à l'empereur d'Autriche. Ce monarque après en avoir pris connaissance, refusa de le renvoyer en France, comme il l'avait demandé, et le retint au secret le plus rigoureux, probablement pour se venger de sa protestation de 1816, contre les traités de 1814 et de 1815, qu'il avait qualifiés *d'odieux.*

Après 7 ans, 6 mois et 12 jours de détention et de secret, sans crime et sans jugement, le fils de Louis XVI fut rendu à la liberté, et rentra dans sa patrie le 6 janvier 1826, malgré les ordres rigoureux donnés sur toutes les frontières, pour s'emparer de sa personne, quelque part qu'il fût rencontré...

Aussitôt après son arrivée à Paris, il se rangea parmi les opposants, et publia plusieurs écrits qui éveillèrent l'attention de sa famille.

La révolution de juillet le trouva dans cette position. Le 2 août, il écrivit à la duchesse d'Angoulême, sa sœur. Le 12, il protesta contre l'élection de Louis-Philippe, par 219 députés du double vote, et cette nouvelle protestation fut, comme celle de 1816, envoyée à toutes les puissances...

En 1831, lors de la proposition Bricqueville, qui demandait l'expulsion de la branche aînée des Bourbons, l'ex-duc de Normandie, qui se trouvait alors dans le midi de la France, écrivit aux deux chambres et au colonel de Bricqueville, pour réclamer contre cette proposition ; il se rendit ensuite à Paris pour cet objet et s'adressa au colonel Bricqueville lui-même. L'ex-duc basait sa réclamation sur le motif qu'ayant été opprimé par sa famille et par tous les rois, il était souverainement injuste de le comprendre dans une mesure qui ne devait atteindre que les oppresseurs qui l'avaient persécuté et emprisonné chaque fois qu'ils avaient pu s'en saisir.

Frappé de la justesse et de la justice de cette objection, M. de Bricqueville modifia sa proposition primitive en ce sens, qu'elle ne frappa que Charles X et ses descendants.

En 1833, le fils de Louis XVI saisissait les tribunaux de sa demande en réclamation d'état civil, lorsque le pouvoir immoral qui opprimait et ruinait la France, le fit arrêter le 29 août pour un crime imaginaire, et ce dans le seul but d'empêcher qu'il ne donnât suite à sa demande, dont il prévoyait et redoutait les effets.

Dire quels furent les manœuvres à l'aide desquelles

on parvint à donner du corps à une accusation qui ne reposait sur rien, n'est pas notre tâche; toujours est-il qu'après une instruction secrète pendant laquelle on entendit plus de trois cents témoins à Paris, dans les provinces et dans les pays étrangers. Après une détention préventive de plus de *quatorze mois*, après des investigations et des perquisitions sans nombre dans son domicile et ailleurs, il fut renvoyé devant les assises de la Seine, où il comparut le 30 octobre 1834, sous l'accusation de *complot*. Le président, dans son résumé, se vit obligé de demander aux jurés quel était l'homme qui se trouvait devant eux, quels étaient son nom, sa naissance, sa patrie, sa famile, ses antécédents, sa vie entière!...

Le fils de Louis XVI, qui n'avait pu trouver à Paris aucun avocat pour plaider sa cause, se vit forcé de se défendre contre des imputations d'autant plus absurdes, qu'accusé d'avoir pendant quatre ans tramé un complot tendant au renversement du gouvernement, *il paraissait seul* sur le banc des accusés.

Enfin, après six jours de débats animés et l'audition de plus de soixante témoins à charge, après les réquisitions du ministère public, qui se contentait de demander sa tête pour le punir d'un crime qui n'existait que dans l'imagination de ceux qui en poursuivaient la répression, le fils de Louis XVI se vit condamné à *douze années* de détention dans une forteresse!...

L'histoire dira un jour tous les crimes des rois et de leurs séides; mais ceux commis contre la victime de nos discordes civiles, contre le prisonnier du Temple et de Milan, seront à coup sûr stygmatisés, et les vrais auteurs voués à l'exécration de tous.

Ce qu'il y eut de plus horrible dans ce procès inique et sans précédent, ce furent les propositions outrageantes qu'on eut l'audace de faire à l'accusé pendant l'instruction et après sa condamnation, notamment de lui offrir de la part de Louis-Philippe *une de ses filles en mariage, un apanage conforme à son rang, et une reconnaissance pure et simple de sa qualité de fils de Louis XVI, à la seule condition d'abdiquer ses droits en faveur de la branche d'Orléans!...* Ces propositions furent faites, d'abord, en octobre 1833, à Sainte-Pélagie, par le directeur de la prison, qui en avait été chargé par le préfet de la Seine, qui se trouvait dans le local sous le prétexte de le visiter ; puis, en 1841 et 1842, par un agent secret du château. De nouvelles persécutions ayant été le résultat des refus positifs et réitérés du fils de Louis XVI, il s'évada de Sainte-Pélagie le 19 août 1835 et se rendit dans les pays étrangers.

Pendant que ces choses se passaient, une modification parut s'opérer dans les idées de la famille du fils de Louis XVI, après la mort de Charles X, son oncle. La duchesse d'Angoulême, sa sœur, informée de sa rencontre et de ses rapports avec quelques personnages connus d'elle, les chargea de procéder à une enquête sur tous les faits concernant son frère, et de lui rendre compte des résultats de cette opération.

L'enquête eut lieu en 1839, des témoins furent entendus, et les commissaires délégués à cet effet, après avoir reconnu et déclaré que *l'homme connu et condamné sous le nom de baron de Richemont, était réellement le fils de Louis XVI et le frère de la duchesse d'Angoulême*, allaient clore leur rapport pour l'expédier à qui de droit, lorsque l'intervention des ambassadeurs de Russie, d'Angleterre, d'Autriche et de Prusse en empêcha l'envoi et provoqua le contre-ordre qui fut communiqué le lendemain aux susdits commissaires de la part de la princesse. Or, si la fille de Louis XVI avait été bien certaine de la mort de son frère, au Temple ou autre part, eût-elle ordonné cette enquête ?...

Rentré dans sa patrie, après l'amnistie de 1840, le fils de Louis XVI s'occupa activement de réunir tous les documents et les preuves qui pouvaient servir à appuyer sa demande en réclamation d'état civil, qu'il désirait porter devant les tribunaux compétents; c'est en faisant des recherches qu'il parvint à découvrir plusieurs des personnes qui l'avaient servi, vu, rencontré dans son enfance, dans sa jeunesse et plus tard. C'est ainsi que, de 1830 à 1848, il se trouva en présence de MM. *Caffe*, ancien garde suisse, officier supérieur, chevalier de Saint-Louis; *Labreli de Fontaine*, ancien bibliothécaire de la duchesse douairière d'Orléans, chez qui il l'avait vu, en 1816; *Chamblant*, opticien, qui avait joué avec lui dans son enfance, à Meudon; le *comte Auguste de La Rochejacquelein*, *Lucien Bonaparte*, frère de *Napoléon*, le *comte de Bruges*, le *vicomte de Montchenu*, commissaires chargés de l'enquête de 1839; *Jard*, ancien lieutenant porte-drapeau au régiment dauphin, jusqu'au 10 août 1792; *Lemoine*, ancien garde national de 1791; *de Saint-Cyr*, ancien professeur d'écriture des enfants de France, jusqu'au 10 août 1792; l'abbé *Tharin*, ancien évêque de Strasbourg; le *marquis de Redon*, petit-fils de la première femme de chambre de la reine, et qui avait été admis à partager les jeux du fils de cette princesse; *Cazotte*, ancien commandant de la garde nationale de Piery (Marne), qui avait, lors du voyage de Varennes, en 1791, tenu le dauphin dans ses bras; *Caron*, fils d'un des anciens gobeletiers de Louis XVI, et dont le père avait vu le dauphin à la cour et au temple; mesdames *Béquet*, *Fillette*, *de Saint-Brice*, *de Rambaud*, attachées, avant le 10 août 1792, au service des enfants de France; tous lesquels personnages ont vu, servi ou connu le fils de Louis XVI, soit dans les châteaux royaux, dans son enfance, soit à Paris, et en ont, pour la plupart, ainsi que ceux qui l'avaient connu ailleurs, délivré des certificats dans lesquels ils déclarent que l'homme portant le nom de Richemont, est bien le même que celui qu'ils avaient vu aux époques antérieures et dans les lieux désignés, comme étant le fils de Louis XVI, et qu'il n'existe pour eux aucuns doutes relativement à l'idéntité des deux personnages...

En réunissant ces divers témoignages aux autres dires et preuves contenus dans les *Mémoires d'un contemporain,* qui renferment une multitude de vérités effrayantes, on est fondé à croire que l'enfant qui a été vu, servi et connu dans les châteaux royaux, de 1785 à 1792; au Temple, en 1792, 1793 et 1794; en Bretagne et dans le Poitou, en 1794 et 1795; en Allemagne, en 1795 et 1796; en France, en 1797 et 1798; en Égypte, en 1798, 1799 et 1800; en Italie, en 1800, 1801 et 1802; en France, en 1802, 1803 et 1804; en Amérique, de 1804 à 1815, y compris trois ans de voyages aux Indes Orientales et dans les îles de la grande mer du Sud; en France, en 1815 et 1816; en Asie, en Grèce et en Italie, en 1816, 1817 et 1818; à Milan, de 1818 à 1825; en Suisse et en France, de 1825 à 1830; à Paris, de 1830 à 1848, y compris les deux années passées à Sainte-Pélagie, est bien le fils de Louis XVI, qui, forcé de cacher ses noms et qualités, a pris ceux de baron de Richemont, sous lesquels il est généralement connu à Paris depuis 1830.

En février 1848, le fils de Louis XVI faisait tout naturellement partie de cette opposition vigoureuse qui luttait courageusement, depuis 1820, contre les tendances rétrogrades des aînés et des cadets, et qui demandait des réformes dans tout et partout... A la suite des efforts des écrivains et des hommes de cœur, les individus qui faisaient la honte de la France, furent renversés et chassés.

Le 29 dudit mois de février, le fils de Louis XVI envoya son adhésion à la république qui venait d'être proclamée, et il adressa la lettre suivante au gouvernement provisoire :

Paris, 29 février 1848.

Messieurs,

« De toutes parts on m'engage à envoyer mon adhésion au gouvernement provisoire de la République française.

« Que peut signifier un tel acte de la part de l'homme que les événements, les potentats et leurs séides ont mis dans la position la plus extraordinaire qui se soit jamais vue ?

« Mes principes, mes opinions, et ma protestation contre les odieux traités de 1814 et 1815, m'ont fait repousser par ma famille et par les souverains; ma conduite en 1830 et ma protestation du 12 août n'ont pu qu'augmenter leur aversion.

« La révolution actuelle et la petite part que j'y ai prise, prouvent surabondamment que je n'ai pas changé. La République, que j'ai fidèlement servie jusqu'au moment où elle fut trahie et écrasée par qui lui devait tout, peut donc compter sur mon concours aussi bien que sur mon dévouement.

« Signé : L'ex-baron de RICHEMONT. »

Le décret du 1er mars suivant ayant aboli la royauté, la noblesse, les priviléges et les titres, le fils de Louis XVI écrivit au gouvernement provisoire la pièce dont la teneur suit :

Paris, le 2 mars 1848.

Messieurs,

« Mes compagnons de captivité m'ont promis, à Sainte-Pélagie, en 1833, 1834 et 1835, qu'aussitôt la République proclamée en France, la liberté, la justice et la probité remplaceraient le système d'oppression, de lâcheté, de mensonge et de cupidité qui avilissait et déshonorait déjà, à cette époque, notre si belle patrie, et qu'alors un grand acte national réparerait les iniquités sans nombre dont je suis, depuis plus de cinquante ans, l'objet et la victime. Le moment est venu de remplir des promesses aussi solennelles...

« Tant que Louis-Philippe a régné, j'ai repoussé avec indignation toutes les propositions qui m'ont été faites de sa part...

« Aujourd'hui, que le gouvernement républicain, régénérateur par essence, a été adopté par la grande nation, je me présente hardiment, avec mes antécédents et mes titres, à sa sollicitude, soit comme opprimé partout et par tous, soit en ma qualité de condamné pour avoir fait un complot *à moi tout seul*, soit, enfin, pour avoir été audacieusement et violemment dépouillé de mes droits civils et politiques.

« Je m'adresse à vous avec confiance, persuadé que, prenant en considération mes infortunes et ma position exceptionnelle, vous ne vous contenterez pas seulement d'abolir royauté, titres, noblesses et priviléges ; mais encore que vous rétablirez chacun dans ses droits civils et politiques, seul moyen de réparer tous les crimes des monarchies.

« Je demande donc qu'il soit immédiatement fait droit à ma réclamation.

« Signé : L'ex-baron de RICHEMONT. »

Enfin, le 25 mai, le fils de Louis XVI transmit au président de l'Assemblée nationale une réclamation motivée, dans laquelle il demandait que les faits y dénoncés fussent examinés de près, et qu'elle se prononçât ensuite d'une manière quelconque. Cette demande fut accompagnée de la lettre suivante au président lui-même :

Paris, 25 mai 1848.

Monsieur le Président,

« C'est à l'historien impartial, à l'écrivain distingué, que je transmets la demande que j'adresse à l'Assemblée nationale, bien plutôt qu'à son honorable président. J'ose espérer que cette juste réclamation suivra son cours, et que la discussion n'en sera point étouffée.

« Comme j'habite à la campagne, à cause de l'indisposition dont je suis atteint, je prie Monsieur le président d'avoir l'extrême obligeance de me faire parvenir, à mon domicile politique, boulevart Beaumarchais, 83, les injonctions qu'il croirait devoir me faire, et je m'y conformerai scrupuleusement.

« Signé : L'ex-baron de RICHEMONT. »

CITOYENS REPRÉSENTANTS,

« Le 12 juin 1795, un acte, irrégulier en la forme, et notoirement frauduleux au fond, raya le fils de Louis XVI du nombre des vivants. L'autorité, qui commit cette audacieuse iniquité, fournit elle-même, *et le même jour*, une preuve flagrante de son mensonge et de sa complicité, par ses ordres écrits à des délégués de la Convention dans les départements, et par l'envoi extraordinaire de commissaires chargés de faire arrêter un enfant enlevé de Paris la veille, et qu'elle désignait clairement *comme étant le même que celui dont elle publiait officiellement la mort.*

« Depuis ce moment, la victime d'un forfait sans exemple s'est trouvée dans l'impossibilité absolue de protester d'une manière efficace et régulière.

« Pour le soustraire aux recherches actives et incessantes de ceux qui paraissaient avoir tant d'intérêt à s'en emparer, celui qui avait fait enlever le fils de Louis XVI, le fit entrer, secrètement et sous un nom modeste, dans les rangs de l'armée française, dont il partagea les travaux en Allemagne, en Égypte et en Italie, de 1797 à 1804.

« Le 12 décembre 1800, fut signé le fameux traité dans lequel les rois, tout en recevant le comte de Provence comme partie intervenante, ne voulurent cependant le reconnaître qu'en qualité de *régent*, attendu, y est-il expressément stipulé, *qu'ils savaient que le fils de son frère aîné avait été enlevé par fraude des prisons du Temple*, ET QU'IL EXISTAIT. Où sont les preuves que ce neveu soit mort depuis ?...

« Forcé de quitter la France après la chute de la république, le fils de Louis XVI se retira dans les Amériques, où il résida jusqu'en 1815.

« Rentré dans sa patrie, et présenté à sa famille par celui qui l'avait sauvé, il eut, en mai 1816, à Versailles, une entrevue avec sa sœur, en présence du prince de Condé, des ducs de Berry et de Mouchy, de la marquise d'Agout et de quatre pages encore vivants. *Reconnu*, mais repoussé par cette princesse, qui ne put tolérer en lui des principes politiques totalement en désaccord avec les siens, ceux de sa famille et des Alliés qu'il avait combattus, le fils de Louis XVI se vit contraint de s'expatrier de nouveau, après avoir, toutefois, protesté contre les odieux traités de 1814 et de 1815.

« Arrêté, le 12 avril 1818, dans les États autrichiens, sur les instances de son oncle, Louis XVIII, le fils de Louis XVI, fut retenu, *plus de sept ans*, au secret le plus rigoureux, dans les prisons d'Autriche, réclamant en

vain sa liberté ou des juges, crime inouï, et qui suffit
à lui seul pour mettre sur la trace de tant d'autres...

« Mis en liberté après la mort de Louis XVIII, et sur
l'ordre exprès de l'empereur d'Autriche, le fils de
Louis XVI parvint à pénétrer en France, malgré les ob-
stacles opposés à son entrée et les mesures prises par
son oncle, Charles X, pour s'assurer de sa personne.

« Aussitôt après son arrivée, il adressa à la chambre
des pairs, le 2 février 1828, une demande aux fins d'être
admis à fournir ses preuves. Au lieu de permettre cette
enquête, sa famille ordonna de le poursuivre, suivant
les précédents employés à son égard.

« Aux journées de juillet 1830, il se trouvait à Paris, où
il a été vu, soit parmi les opposants, soit à l'Hôtel-de-
Ville, soit à la chambre des députés, lors de la manifes-
tation du 6 août, et le 12 du même mois, il protesta
contre l'acte du 9 et tout ce qui s'en suivrait.

« En 1833, au moment où le fils de Louis XVI saisissait
les tribunaux de sa demande en réclamation d'état civil,
il fut arrêté pour le crime imaginaire *de complot*, et remis
à la disposition de l'autorité judiciaire, qui, après plus
de *quatorze mois* de détention préventive, le renvoya
devant la cour d'assises de la Seine, où il fut condamné,
le 4 novembre 1834, *à douze années de détention, non
pour être ou n'être pas le fils de Louis XVI*, question qu'on
ne voulut jamais aborder, malgré ses instances réitérées,
mais bien pour l'étrange motif *d'avoir, pendant quatre
ans, tramé un complot tendant au renversement du gouvernement, avec des complices restés inconnus !*... S'étant
évadé de Sainte-Pélagie, le 19 août 1835, il passa à
l'étranger, et ne revit sa patrie qu'après l'amnistie de
1840.

« Le 1er novembre 1846, le fils de Louis XVI publia les
Mémoires d'un contemporain, dont il dépose un exemplaire sur le bureau du président de l'Assemblée natio-

nale, et dans lesquels sont relatés tous les faits qui le concernent, ainsi que les preuves à l'appui. Nul n'a encore osé démentir un seul de ces faits, ni aucune des terribles révélations qu'ils contiennent.

« Le 29 février 1848, il envoya son adhésion à la République qui venait d'être proclamée.

« Le 2 mars suivant, il adressa au gouvernement provisoire une réclamation pour lui rappeler que, s'il avait eu la puissance d'abolir la royauté, la noblesse, les priviléges et les titres, il devait avoir aussi celle de rétablir chacun dans ses droits civils et politiques. Il paraît que cette logique ne fut pas agréée par les membres de ce gouvernement, puisqu'ils crurent devoir faire une exception à ce sujet en gardant le silence.

« Le fils de Louis XVI était personnellement connu de quelques-uns d'entre eux ; ceux-ci n'ignoraient ni les persécutions atroces qu'il avait eu à supporter, ni comment il avait été traité chaque fois qu'il avait élevé la voix pour réclamer son état civil... Tout le portait donc à croire qu'ils répondraient avec sympathie, et prendraient souci de lui indiquer la marche à suivre ; il n'en a rien été !... Il semble, en vérité, que le pouvoir soit destiné à tarir chez les hommes la source de tous sentiments généreux !...

« Représentants de la nation ! le fils de Louis XVI ne vient rien réclamer auprès de vous en vertu de droits surannés et de prétentions absurdes... Sa foi politique fut toujours telle à cet égard, qu'elle lui a valu la haine des rois et de sa famille elle-même... Mais en sa qualité de Français, de citoyen, d'homme libre, il a droit à un nom et à une patrie : pouvez-vous les lui refuser ? Souffrirez-vous qu'il y ait un paria dans notre République ?

« Il compte parmi vous plusieurs de ses connaissances ; y trouvera-t-il un ami, au moins un courageux défenseur de la justice et de l'innocence opprimée ? y trouvera-t-il quelqu'un assez grand et assez ferme pour s'élever au-dessus des préjugés de la peur ou du ridicule, pour réclamer hautement une enquête sur l'ordre des faits qui viennent d'être signalés, et faire procéder régulièrement à l'examen des pièces qu'il produit pour revendiquer son nom, ainsi que ses droits civils et politiques?

« Le repousserez-vous parce qu'il est fils de roi? mais serait-ce juste, serait-ce raisonnable de lui faire encore aujourd'hui un crime de son origine, crime qu'il a déjà si cruellement expié par plus de 50 ans de vicissitudes et de maux de toute espèce? Songez qu'il ne demande que l'autorisation de porter le nom de son père, seul héritage qu'il lui ait laissé en mourant.

« Osera-t-on accuser de folie celui qui réclame depuis plus d'un demi-siècle le nom de son père?

« Mais remarquez que cettefolie, qui aurait dû simplement exciter l'intérêt ou la compassion à son égard, lui a, au contraire, mérité des persécutions continuelles, des haines profondes, des piéges perfides, des poursuites incessantes, des calomnies horribles, des propositions outrageantes, une proscription sans fin !...

« Donc, on ne peut admettre qu'il ait jamais été considéré comme fou.

« Osera-t-on l'accuser d'ambition? Mais, simple particulier, il était sur la route des honneurs; le grand homme qui a, pendant tant d'années, conduit les Français à la victoire, et qui se connaissait en mérite et en bravoure, se fût certainement souvenu de son jeune compagnon d'Égypte et d'Italie, et l'eût traité avec sa bonté et son équité ordinaires, malgré la médiocrité de son talent, s'il avait eu quelque velléité d'ambition! D'ailleurs, ne pouvait-il pas, depuis 1815, rentrer dans les bonnes grâces des rois, qui n'exigeaient, pour lui rendre le rang qui lui appartenait, qu'une simple adhésion à tout ce qu'ils avaient fait, et qu'il partageât leurs principes et leurs vues? Il refusa; il ne voulut point mentir à sa conscience; il préféra l'obscurité au parjure. Verrez-vous là la conduite d'un ambitieux?

« Osera-t-on enfin l'accuser d'intérêt? mais il est notoire qu'il n'a rien demandé, rien reçu et rien voulu recevoir de qui que ce soit ; qu'il a refusé et refuse journellement les offres qui lui sont faites ; il a été en outre bien prouvé, lors du scandaleux procès qu'on a osé lui intenter, qu'il avait donné de l'argent, fait du bien, et jamais de mal à personne.

« Si aucune de ces trois passions n'a pu guider le filsde Louis XVI, à quel motif attibuer la persistance, pour ne pas dire l'obstination, qu'il met à réclamer un nom qui ne lui a valu jusqu'ici que la haine, l'exil, la prison et tout le cortége obligé des souffrances et des peines qu'il a endurées partout et toujours?...

« Représentants de la nation ! l'Europe vous contemple avec admiration et anxiété ! Vous êtes investis de pouvoirs immenses! je suis certain que vous en ferez un noble usage à l'égard de l'homme qui s'adresse à vous ; que vous le placerez sous votre protection directe; que vous ne permettrez point qu'il soit maltraité pour avoir le courage de protester contre la plus grande iniquité des temps modernes, et que vous prendrez à son sujet telle détermination que vous dicteront votre justice et votre impartialité.

Le prisonnier du Temple et de Milan,
condamné politique de 1834,

« Signé : L'ex-baron de Richemont.»

Paris, le 25 mai 1848.

Cette pièce fut envoyée aux représentants présents à Paris, ainsi qu'à tous les journaux, qui n'en firent aucune mention, et que plusieurs prirent, *sans la lire*, pour une circulaire électorale!...

Désirant connaître le sort de sa réclamation, il apprit que, déposée par le président, elle se trouvait entre les mains du comité des pétitions. Il écrivit alors aux membres de ce comité la lettre suivante :

Paris, 6 juin 1848.

Messieurs,

« Aussitôt que j'ai pu connaître vos noms et votre adresse, je me suis empressé de vous envoyer à chacun un exemplaire des *Mémoires d'un contemporain*, rédigés et publiés par moi. Ces documents vous fourniront les moyens de faire votre rapport sur la réclamation que j'ai transmise au président, qui l'a déposée le 25 mai dernier.

« Je présume que vous prendrez en considération les faits relatés dans ma demande, que vous ne la considérerez point comme une de ces légèretés que nul n'oserait se permettre envers une assemblée qui est l'expression libre de la volonté de tous, y compris la mienne, et que justice sera faite.

« Signé : L'ex-baron de RICHEMONT. »

Le fils de Louis XVI attend avec confiance la décision que rendra l'Assemblée nationale, intimement convaincu qu'elle sera conforme à la justice.